GEORGE SAND

PARIS. — TYPOGRAPHIE DE GAITTET
Rue Gît-le-Cœur, 7

SAND

LES CONTEMPORAINS

GEORGE SAND

PAR

EUGÈNE DE MIRECOURT

PARIS
GUSTAVE HAVARD, ÉDITEUR
19, BOULEVARD DE SÉBASTOPOL
rive gauche
L'Auteur et l'Éditeur se réservent tous droits de reproduction.
1859

GEORGE SAND

Nous sommes trop fils de nos pères, et, par conséquent, trop chevaleresques, pour enlever du drapeau de la galanterie française cette vieille devise : « Honneur aux dames ! » qu'on y a inscrite à toutes les époques. Nous dirons donc à George Sand, malgré son pseudonyme masculin :

Venez, madame, entrez à notre bras dans cette galerie des illustrations contemporaines, où vous méritez une des premières places !

Ne craignez pas de trouver en nous un de ces biographes indiscrets qui lèvent brutalement les voiles défendus. Nous appartenons moins encore à cette troupe de critiques sans vergogne, dont vous avez eu tant à vous plaindre, et qui s'embusquent dans les carrefours les plus ténébreux de la presse pour jeter de la boue au génie qui passe.

Obligés de reconnaître en vous un écrivain supérieur, tous ces aristarques de mauvais lieu, tous ces calomniateurs à tant la ligne, n'ont pas eu honte d'outrager la femme.

C'est une guerre déloyale, une guerre de lâches.

Vous pouvez en être certaine, ces gens-là n'appartiennent ni à l'art, ni à la France; l'art est un soleil qui n'éclaire point leurs ténèbres, et la France répudie tout ce qui insulte ses gloires.

Autrefois Ninon de Lenclos disait : « Je suis honnête homme, le reste ne vous regarde pas. »

Vous pouvez, madame, dire à votre tour : « Je suis honnête homme et grand artiste, que demandez-vous de plus ? »

On doit flageller rudement et sans miséricorde cette outrecuidance du sexe fort, dont peut-être on se bornerait à rire, si elle n'avait pas des conséquences si funestes. Il faut arracher le masque de ces pharisiens, qui, sur la route du péché, où ils marchent plus souvent que nous, osent ramasser la pierre et veulent lapider une pauvre femme qui tombe. S'ils ont la prétention de nous répondre par les mots *devoir, mariage, honneur conjugal,* nous vous laisserons, madame, plaider vous-même votre cause, et nous renverrons à vos livres tous les pharisiens du monde.

Ce sera, convenez-en, vous donner beaucoup de lecteurs.

Vous le voyez, nous sommes de vos amis, et des plus sincères. En tout et partout nous vous avons crié : « Bravo! » si ce n'est dans les excursions bizarres qu'il vous a plu de faire sur le domaine de la politique.

un cri d'indignation, parce que, selon nous, ce n'était là votre place, ni comme femme, ni comme poëte. Nous vous avons critiquée, nous avons tourné vos prétentions en ridicule, et nous avons signé nos attaques.

Il faut toujours dire la vérité à ceux qu'on aime.

Nous la dirons entièrement d'un bout à l'autre de cette étude biographique.

. . . .

Amantine-Aurore Dupin, baronne Dudevant, aujourd'hui George Sand de par sa plume et son génie, descend d'Auguste II, roi de Pologne.

Cette généalogie est facile à établir.

Auguste, après avoir chassé Stanislas et

pris définitivement possession du trône, se reposa de la tourmente politique dans les bras de l'amour. Il eut de la gracieuse comtesse de Kœnigsmark un fils, qui devait plus tard rivaliser de conquêtes galantes avec le duc de Richelieu et le surpasser en héroïsme guerrier.

Maurice de Saxe vint, très-jeune, mettre son épée au service de la France.

Il obtint, vers 1736, le bâton de maréchal, se distingua pendant toute la guerre de la succession d'Autriche, battit les alliés en diverses rencontres et se couvrit de gloire à Fontenoy, où il commandait l'armée française.

Louis XV reconnaissant le combla d'honneurs et lui donna le domaine de Chambord avec cinquante mille livres de revenu.

Maurice de Saxe était l'amant en titre d'une célèbre tragédienne. Il en eut une fille, Marie-Aurore, qui se maria, en 1739, au comte Arvid-Bernard de Horn, ancien président de la diète suédoise, disgracié pour s'être laissé nommer chef des *Bonnets* contre les *Chapeaux*[1]. Au bout de trois ans de ménage, la comtesse de Horn resta veuve et se retira chez les dames de l'Abbaye-aux-Bois.

Spirituelle et d'une grâce exquise, elle ne tarda pas à s'y créer une espèce de cour. M. Dupin de Francueil, fermier général, en devint amoureux, se fit présenter à elle et l'épousa.

Un fils, issu de ce mariage, s'engagea

---

[1] On appelait ainsi les deux partis qui divisaient alors la Suède.

comme volontaire en 93, monta au grade de capitaine sous l'Empire, et mourut à la Châtre d'une chute de cheval.

C'était Maurice Dupin, père de la femme célèbre dont nous écrivons l'histoire.

Amantine-Aurore Dupin naquit en 1804.

Elle fut élevée par sa grand'mère, au château de Nohant, situé dans un des plus beaux vallons du Berri.

L'ancienne comtesse de Horn était, comme nous l'avons dit, une femme d'un esprit merveilleux, mais beaucoup plus brillant que solide. Elle avait toutes les idées antireligieuses, toutes les allures paradoxales de son siècle, et mettait la philosophie de Jean-Jacques Rousseau bien au-dessus de l'Évangile.

À quinze ans, Aurore sut parfaitement manier un fusil, danser, monter à cheval et tirer l'épée.

C'était une adorable et pétulante amazone, un charmant démon féminin, qui aurait pu, comme autrefois son aïeule, suivre une chasse à courre sous les avenues de Marly, mais qui ne savait pas faire un signe de croix.

On insinua bientôt à la grand'mère que la pieuse Restauration ne partageait pas précisément les doctrines de Jean-Jacques et désirait que les jeunes personnes ne fussent point élevées à la façon d'*Émile*. Ceci la surprit beaucoup et lui donna du dix-neuvième siècle, en matière philosophique, une opinion fort médiocre.

Il fut décidé néanmoins qu'Aurore serait

envoyée à Paris au couvent des Anglaises, afin d'y recevoir l'éducation religieuse, dont elle n'avait pas la moindre teinture.

Ce fut pour la jeune fille une séparation pénible. Elle adorait son aïeule. Toutes les fois que, plus tard, dans ses livres, il lui est arrivé de parler de cette vieille amie de son enfance, c'est avec un profond sentiment de regret, de vénération et d'amour.

Vers 1836, à l'époque de son procès en séparation, elle écrivait :

« O grand'mère ! lève-toi et viens me chercher ! Déroule ce linceul où j'ai enseveli ton corps brisé par son dernier sommeil ; que tes vieux os se redressent ; viens me secourir ou me consoler. Si je dois être à jamais bannie de chez toi, suis-moi au loin. Comme les sauvages du Meschacébé, je porterai ta dépouille sur mes épaules, et elle me servira d'oreiller dans le désert. Ah ! si tu vivais, tout ce mal ne me serait pas arrivé ; j'aurais trouvé dans ton sein un refuge sacré, et ta main paralytique se fût ranimée pour se placer entre mes ennemis et moi ! »

On trouve dans les *Lettres d'un Voyageur* [1] certains détails curieux sur la vie d'Aurore au château de Nohant.

Comme toutes les imaginations vives, elle aimait beaucoup la lecture.

Nous la laissons de nouveau parler elle-même :

« Oh ! quel est celui de nous qui ne se rappelle avec amour les premiers ouvrages

---

[1] Édition Garnier frères, page 258.

qu'il a dévorés ou savourés ! La couverture d'un bouquin poudreux que vous retrouvez sur les rayons d'une armoire oubliée ne vous a-t-elle jamais retracé les gracieux tableaux de vos jeunes années ? N'avez-vous pas cru voir surgir devant vous la grande prairie baignée des rouges clartés du soir, lorsque vous le lûtes pour la première fois ? Oh ! que la nuit tombait vite sur ces pages divines ! que le crépuscule faisait cruellement flotter le caractère sur la feuille pâlissante !

« C'en est fait, les agneaux bêlent, les brebis sont arrivées à l'étable, le grillon prend possession des chaumières et de la plaine. Il faut partir.

« Le chemin est pierreux, l'écluse est étroite et glissante, la côte est rude.

« Vous êtes couverte de sueur; mais vous avez beau faire, vous arriverez trop tard, le souper sera commencé.

« C'est en vain que le vieux domestique qui vous aime aura retardé le coup de cloche autant que possible; vous aurez l'humiliation d'entrer le dernier, et la grand'-mère, inexorable sur l'étiquette, même au fond de ses terres, vous fera, d'une voix douce et triste, un reproche bien léger, bien tendre, qui vous sera plus sensible qu'un châtiment sévère.

« Mais, quand elle vous demandera, le soir, la confession de votre journée, et que vous aurez avoué, en rougissant, que vous vous êtes oubliée à lire dans un pré, et que vous aurez été sommée de montrer le livre, vous tirerez en tremblant de votre poche, quoi ? *Estelle et Némorin*.

« Oh ! alors la grand'mère sourit.

« Rassurez-vous, votre trésor vous sera rendu ; mais il ne faudra pas désormais oublier l'heure du souper.

« Heureux temps ! ô ma vallée Noire ! ô *Corinne* ! ô Bernardin de Saint-Pierre ! ô l'*Iliade* ! ô Millevoye ! ô *Atala* ! ô les saules de la rivière ! ô ma jeunesse écoulée ! ô mon vieux chien qui n'oubliait pas l'heure du souper, et qui répondait au son lointain de la cloche par un douloureux hurlement de regret et de gourmandise ! »

Tous ces détails sont délicieux.

Nous en avons trouvé beaucoup d'autres, où George Sand se laisse prendre en flagrant délit de sa propre histoire ; nous les signalerons à nos lecteurs.

On voit que la grand'mère d'Aurore ne surveillait pas de fort près la bibliothèque. *Corinne* et surtout *Atala* devaient, dans une jeune tête de quatorze ans, éveiller de singuliers rêves. La curieuse enfant lisait tout ce qui lui tombait sous la main.

Elle alla jusqu'à lire Lavater.

On sait que les *Essais physiognomoniques* du pasteur de Zurich ont en regard des planches explicatives. Aurore se demandait pourquoi cette collection de visages bouffons, grotesques, insignifiants, hideux, agréables ? Regardant la désignation principale du type, elle trouvait *ivrogne, paresseux, gourmand, irascible,* etc.

Alors elle ne comprenait plus et retournait aux images.

Cependant elle remarqua bientôt que

l'ivrogne ressemblait au cocher, la femme tracassière et criarde à la cuisinière, le pédant à son précepteur, et ce fut ainsi qu'elle acquit la preuve de l'infaillibilité de Lavater.

Son imagination ardente cherchait partout des aliments et s'enflammait à la première étincelle.

Une fois au couvent des Anglaises, elle fut séduite par la poésie du catholicisme et s'abandonna aux plus beaux élans de ferveur. Elle passait, comme sainte Thérèse, des heures entières en extase au pied des autels.

La mort de sa grand'mère, qui arriva sur les entrefaites, accrut encore ses dispositions ascétiques. Elle quitta le couvent pendant quelques semaines, pour aller fermer les yeux à madame Dupin de Francueil, et y rentra ensuite, avec la ferme résolution de se faire religieuse.

Il fallut toute l'autorité de sa famille pour la décider, six mois après, à un mariage. On donna la main d'Aurore à M. le baron Dudevant, militaire en retraite, devenu gentilhomme fermier, très-versé dans l'éducation du bétail et surveillant lui-même ses valets de labour.

« C'était un homme à la moustache grise, à l'œil terrible, excellent maître devant qui tout tremblait, femme, serviteurs, chevaux et chiens [1]. »

Jamais on ne vit ménage plus en désaccord avec la nature à la fois orgueilleuse et tendre de la jeune femme.

[1] *Indiana*, chap. 1.

Elle avait près d'un demi-million de fortune.

L'époux agriculteur, en palpant cette dot, se hâta de donner plus d'étendue à ses exploitations champêtres. Il peupla ses étables de mérinos pure race, acheta de magnifiques taureaux, doubla le nombre de ses charrues, s'occupa de tout, hormis de sa femme, et ne parut pas s'apercevoir qu'Aurore, avec ses dix-sept ans, son âme délicate et son extrême sensibilité, dépérissait à vue d'œil au milieu de cette prosaïque existence.

Madame Dudevant supporta d'abord ses chagrins avec une résignation d'ange : deux beaux enfants lui tendaient les bras et la consolaient par leurs sourires.

Bientôt, dit l'auteur d'une esquisse

biographique, tracée, il y a quinze ans, dans la *Galerie de la Presse*, elle se trouva froissée jusque dans ses affections de mère. Alors elle n'y tint plus et tomba malade ; la faculté du Berri lui ordonna les eaux des Pyrénées.

Le baron Dudevant, tout à ses mérinos et à ses charrues, n'accompagna point sa femme dans ce voyage.

A Bordeaux, où elle passa d'abord, et où elle était recommandée à de vieux amis de sa famille, madame Dudevant put enfin connaître le monde. On l'accabla de prévenances, on se plut à faire l'éloge des qualités précieuses dont elle est douée. Mille hommages, mille adorations l'entouraient sans cesse.

Un des premiers armateurs de Bordeaux devint éperdument épris de la jeune baronne ; mais elle eut assez de puissance sur son propre cœur pour ne point céder à cette passion.

L'amoureux était un homme de distinction et de mérite.

Ils se firent leurs adieux dans la vallée d'Argelès, au pied des montagnes des Pyrénées, devant une nature grandiose qui élevait leurs âmes à la hauteur du sacrifice.

Rentrée dans son ménage, madame Dudevant, grâce à l'amabilité négative de son époux, y retrouva la même existence fâcheuse et monotone. Elle essaya de s'entourer de quelques amis, afin de combattre les idées de révolte dont elle commençait à ne plus être maîtresse ; elle accueillit à bras ouverts, comme autant de sauveurs, la poésie, les arts et la science.

Un jeune compatriote, étudiant en droit, Jules Sandeau, visita pendant les vacances le château de Nohant.

Ce fut lui qui, le premier, porta les regards d'Aurore vers cet horizon littéraire, qu'elle devait, un jour, étendre à perte de vue.

Le Malgache vint aussi pour la première fois, à cette époque, donner à la châtelaine des leçons de botanique et d'entomologie. Laissons George Sand dire elle-même ce que c'était que le Malgache.

« Tu me demandes, dit-elle, dans une lettre à Éverard, la biographie de mon ami Néraud.

« La voici :

« Notre Malgache (je l'ai baptisé ainsi à cause des longs récits et des féeriques descriptions qu'il me faisait autrefois de l'île de Madagascar, au retour de ses voyages) s'enrôla de bonne heure sous le drapeau de la république.

« Tu l'as vu ; c'est un petit homme sec et cuivré, un peu plus mal vêtu qu'un paysan ; excellent piéton, facétieux, caustique, brave de sang-froid, courant aux émeutes, lorsqu'il était étudiant, et recevant de grands coups de sabre sur la tête sans cesser de persifler la gendarmerie dans le style de Rabelais, pour lequel il a une prédilection particulière.

« Partagé entre deux passions, la science et la politique, au lieu de faire son droit à Paris, il allait du club carbonaro à l'école d'anatomie comparée, rêvant tantôt à la reconstruction des sociétés modernes, tantôt à celle des membres du palœothérium, dont Cuvier venait de découvrir une jambe fossile.

« Un matin qu'il passait auprès d'un carré du Jardin des Plantes, il vit une fougère exotique, qui lui sembla si belle dans son feuillage et si gracieuse dans son port, qu'il lui arriva ce qui m'est arrivé souvent dans ma vie : il devint amoureux d'une plante et n'eut plus de rêves et de désirs que pour elle.

« Les lois, le club et le palœotherium furent négligés, et la sainte botanique devint sa passion dominante.

« Il partit pour l'Afrique.

« Après avoir exploré les îles montagneuses de la mer du Sud, il revint eflanqué, bronzé, en guenilles, ayant supporté les plus sévères privations et les plus rudes fatigues, mais riche selon son cœur, c'est-à-dire muni d'un herbier complet de la flore madécasse [1]. »

Néraud habitait une terre voisine de celle du baron.

Il se maria et eut deux enfants, auxquels il voulut donner des noms de plantes. On le laissa sans difficulté nommer son fils *Olivier*; mais on jeta des clameurs quand il eut la fantaisie d'appeler sa fille *Petite Centaurée*, du nom de cette plante fébrifuge à pétales roses qui croît dans les prés et au bord des ruisseaux.

La châtelaine de Nohant seule put déci-

[1] *Lettres d'un Voyageur*, page 201.

der le Malgache à ne pas pousser aussi loin l'amour de la botanique.

Elle était devenue son élève assidue et faisait dans cette science des progrès rapides.

« Nous allions ensemble, dit-elle, poursuivre les beaux papillons qui errent le matin dans les prairies, lorsque la rosée engourdit encore leurs ailes diaprées. A midi, nous surprenions les scarabées d'émeraude et de saphir qui dorment dans le calice brûlant des roses. Le soir, quand le sphinx aux yeux de rubis bourdonne autour des œnothères et s'enivre de leur parfum de vanille, nous nous postions en embuscade pour saisir au passage l'agile mais étourdi buveur d'ambroisie.

« Quelles belles courses nous faisions

le long des bords de l'Indre, dans les prés humides de la vallée Noire !

« Je me souviens d'un automne qui fut tout consacré à l'étude des champignons, et d'un autre automne qui ne suffit pas à l'étude des mousses et des lichens.

« Nous avions pour bagage une loupe, un livre, une boîte de fer-blanc destinée à recevoir et à conserver les plantes fraîches, et par-dessus tout cela mon fils, un bel enfant de quatre ans, qui ne voulait pas se séparer de nous, et qui a pris là et gardé la passion de l'histoire naturelle [1]. »

On le voit, ces relations étaient aussi douces qu'innocentes. La liberté des champs et le voisinage les autorisaient. Mais il est rare que, chez nous autres hommes,

[1] *Lettres d'un Voyageur*, page 204.

notre amitié pour une femme reste longtemps sans mélange d'amour.

Jules Sandeau retourna à Paris, emportant dans son cœur une passion profonde, dont il n'avait pas osé faire l'aveu.

Quant au Malgache, il ne tarda pas à subir lui-même l'influence des charmes d'Aurore. On trouve, dans le livre que nous citons en note,[1] la narration de cet amour, recouverte seulement d'un léger voile, sous la transparence duquel tout se devine.

« Une femme de nos environs, à laquelle il envoyait de temps en temps un bouquet, un papillon ou une coquille, lui inspira une franche amitié, à laquelle elle répondit franchement ; mais la manie de jouer

[1] Page 208.

sur les mots fit qu'il donna le nom d'amour à ce qui n'était qu'une affection fraternelle.

« La dame, qui était notre amie commune, ne se fâcha ni ne s'enorgueillit de l'hyperbole.

« C'était alors une personne calme et affectueuse, *aimant un peu ailleurs* et ne le cachant pas. Elle continua de philosopher avec lui et de recevoir ses papillons, ses bouquets et ses poulets, dans lesquels il glissait toujours par-ci par-là un peu de madrigal.

« La découverte de l'un de ces poulets amena entre le Malgache et une autre personne qui avait des droits plus légitimes sur elle des orages assez violents, au milieu desquels la fantaisie le prit de quitter le pays et d'aller se faire frère morave. Le voilà donc encore une fois en route, à pied, avec sa boite de fer-blanc, sa pipe et sa loupe, un peu amoureux, assez malheureux à cause des chagrins qu'il avait causés; mais se sauvant de tout par le calembour, qu'il semait comme une pluie de fleurs sur le sentier aride de la vie, et qu'il adressait aux cantonniers, aux mulets et aux pierres du chemin, faute d'un auditoire plus intelligent.

« Il s'arrêta aux rochers de Vaucluse, décidé à vivre et à mourir sur les bords de cette fontaine, où Pétrarque allait évoquer le spectre de Laure dans le miroir des eaux.

« Je ne m'inquiétais pas beaucoup de cette funeste résolution. Je connais trop mon Malgache pour croire jamais sa douleur irréparable. Tant qu'il y aura des fleurs et des insectes sur la terre, Cupidon ne lui adressera que des flèches perdues. »

En effet, le Malgache revint avec un herbier rempli de richesses.

Aurore courut à sa rencontre et lui donna, en riant, deux gros baisers. Une larme coula sur la joue du botaniste : l'amour s'y noya, l'amitié survécut.

Mais l'époux soupçonneux ne voulut pas croire à cette guérison subite.

Les relations de voisinage furent empoisonnées par le doute et la défiance ; la vie à deux n'était plus possible. Une séparation volontaire eut lieu.

Madame Dudevant laissa toute sa fortune en échange de sa liberté et prit le chemin de Bordeaux.

Pour suivre ici le fil de l'histoire, il suffit d'analyser le vingtième chapitre d'un roman célèbre. Bien décidée à ne plus rentrer sous le toit conjugal, *Indiana* arrive chez Raymon. Elle est glacée par son accueil. Raymon ne l'aime plus, Raymon a perdu le souvenir. Il va se marier, il l'exhorte à retourner dans son ménage, et, voyant la jeune femme se diriger vers la porte, le désespoir au cœur, il lui fait remarquer froidement qu'elle oublie son boa et son manteau.

Presque toujours un romancier, dans ses premiers livres, cède à la tentation de raconter sa vie.

Malheureuse avec son époux, délaissée

par son amant, Aurore vint à Paris. Elle s'enferma pour dévorer ses pleurs dans ce même couvent des Anglaises, où s'était écoulée une partie de sa jeunesse. Mais elle avait le cœur agité par trop d'orages pour goûter longtemps le calme de cette sainte retraite. Il y a dans toutes les œuvres qu'elle écrivit plus tard un mélange de mysticisme et de révolte impie contre les croyances chrétiennes, qui ressemble beaucoup à un remords, et dont elle fait elle-même l'aveu.

« Quelle haine avais-tu contre le ciel, pour dédaigner ainsi ses dons les plus magnifiques ? Est-ce que l'esprit de Dieu était passé devant toi sous des traits trop sévères ? Tes yeux ne purent soutenir l'éclat de sa face, et tu t'enfuis pour lui échapper. A peine assez forte pour marcher, tu voulus courir à travers les dangers de la vie, embrassant avec ardeur toutes ses réalités, et leur demandant asile et protection contre les terreurs de ta vision sublime et terrible. Comme Jacob, tu luttas contre elle, et comme lui tu fus vaincue. Au milieu des fougueux plaisirs où tu cherchais vainement refuge, l'esprit mystérieux vint te réclamer et te saisir. Tu ne pus jamais oublier les divines émotions de cette foi primitive. Tu revins à elle du fond des antres de la corruption; et ta voix, qui s'élevait pour blasphémer, entonna, malgré toi, des chants d'amour et d'enthousiasme.

. . . .

« . . . Et tu poursuivais ce chant sublime et bizarre, tout à l'heure cynique et fougueux comme une ode antique, maintenant chaste et doux comme la prière d'un enfant. Couchée sur les roses que produit la terre, tu songeais aux roses de l'Éden qui ne se flétrissent pas, et, en respirant le parfum éphémère de tes plaisirs, tu parlais de l'éternel encens que les anges entretiennent sur les marches du trône de Dieu. Tu l'avais donc respiré, cet encens? tu les avais donc cueillies, ces roses immortelles? tu avais donc gardé de cette patrie des poëtes de vagues et délicieux souvenirs qui t'empêchaient d'être satisfaite des folles jouissances d'ici-bas [1] ? »

Nous retrouvons madame Dudevant dans une petite mansarde du quai Saint-Michel;

---

[1] *Lettres d'un Voyageur*, pag. 24 et 25.

où Jules Sandeau, son jeune ami de Nohant, ne tarde pas à la découvrir.

Aurore était absolument dénuée de ressources.

Quant à Jules Sandeau, fils d'un modeste employé aux droits-réunis, il ne recevait de sa famille qu'une subvention médiocre et luttait lui-même contre le besoin.

Madame Dudevant savait un peu de peinture. Elle s'adressa à un tabletier, qui lui fit peindre des dessus de guéridon et de tabatières ; mais ce travail ingrat et peu rétribué la fatiguait sans chasser la gêne.

Ils se décidèrent à écrire à Henri de Latouche, leur compatriote, alors rédacteur en chef du *Figaro*.

Latouche répondit, en les invitant à venir le voir à la Vallée-aux-Loups, où il habitait à côté de M. de Châteaubriand. Il reçut le jeune couple avec bonté.

Quand Aurore parla de ses tabatières, il se récria.

— Mais, dit-il à Sandeau, pourquoi ne faites-vous pas du journalisme? Cela est moins difficile que vous ne le pensez. Soyez un de nos rédacteurs.

— Hélas! je suis bien paresseux pour écrire! murmura naïvement le jeune homme.

— Bon! moi je l'aiderai! dit Aurore en souriant.

— A merveille! s'écria Latouche. Travaillez, et apportez-moi le plus tôt possible vos articles.

Dès ce jour, madame Dudevant laissa le

pinceau pour la plume. Ce fut ainsi que s'entama cette collaboration curieuse, qui devait intriguer si fort la presse parisienne.

— Vos articles ne sont pas mal, disait Latouche ; mais cela ne peut suffire. Essayez du roman.

Nos deux collaborateurs se mirent à l'œuvre. Au bout de six semaines, ils eurent terminé un livre, dont le titre était *Rose et Blanche*, ou la *Comédienne et la Religieuse*.

Mais d'éditeur point.

Ce fut encore Latouche qui leur vint en aide. Il décida un vieux libraire à payer quatre cents francs le manuscrit de *Rose et Blanche*.

— Comment signerons-nous ? demandait Aurore. Il est impossible, à moins d'un scandale, que j'écrive mon nom au frontispice d'un livre.

— Si mon père apprend que je fais de la littérature, il m'enverra d'emblée sa malédiction, disait Sandeau.

— Bah! fit Latouche, devenu très-intime avec ses protégés, coupe *Sandeau* en deux ; ton père ne te reconnaîtra plus !

On suivit ce conseil : le livre fut signé *Jules Sand*.

Nos jeunes auteurs croyaient leur fortune faite. L'étudiant surtout, très-enclin au *far niente*, dormait plus que de raison, et se figurait que les quatre cents francs devaient être inépuisables.

Aurore adopta pour la première fois, à cette époque, le costume d'homme, afin de pouvoir aller au théâtre à meilleur compte. Elle et son ami prenaient une place de parterre. Puis ils revenaient le soir, à pied, bras dessus bras dessous, le long des rues désertes. Quand la nuit était belle, au lieu de rentrer dans leur mansarde, ils faisaient sur le quai de longues promenades, du pont Saint-Michel au pont Neuf.

Le lendemain, Sandeau avait un motif très-plausible pour dormir toute la journée.

Cependant les quatre cents francs s'en allaient, et la misère frappa de nouveau à la porte nos jeunes auteurs. On conseillait à Aurore un voyage dans le Berri, pour obtenir sa séparation, ou tout au moins une pension alimentaire. Elle partit, après avoir arrêté avec Sandeau le plan d'*Indiana*.

Ils s'étaient partagé les chapitres de ce nouveau livre.

Aurore emporta sa part de besogne et fit promettre à son collaborateur de bien travailler pendant son absence. Il le lui jura ; mais le sommeil prit le dessus.

Sandeau ne travailla qu'en rêve.

Il ne put, au retour d'Aurore, lui présenter une seule ligne de sa tâche.

— Eh bien ! moi, dit en riant la jeune femme, je n'ai pas été paresseuse. Regarde !

Sandeau se frotta les yeux, et crut qu'il dormait toujours. Aurore venait de lui mettre entre les mains tout le manuscrit d'*Indiana*.

— Lis, dit-elle, et corrige !

Dès le premier chapitre, Sandeau poussa des exclamations d'enthousiasme.

— Mais il n'y a rien à retoucher à cela, dit-il : c'est écrit, c'est un chef-d'œuvre !

— Tant mieux, répondit Aurore flattée. Portons nos deux volumes chez le libraire.

— Un instant ! fit le jeune homme : je n'ai pas travaillé à ce livre, et tu dois le signer seule.

— Jamais ! Nous continuerons de signer du nom que nous avons pris pour *Rose et Blanche*.

— C'est impossible, dit Sandeau. Je suis trop honnête pour te voler ta gloire. Si j'acceptais ton offre généreuse, je descendrais dans ma propre estime. Tu ne le voudrais pas.

Madame Dudevant eut recours à Latou-

Dudevant, lut aux juges cette lettre singulière, et dit ensuite à l'époux confondu :

« Vous appelez cela du pardon ! dites plutôt que c'est de l'ignominie ! N'avez-vous pas forcé votre femme à quitter le domicile conjugal, en l'abreuvant de dégoûts? Vous n'êtes pas seulement l'auteur des causes de cette absence, vous en êtes l'instigateur et le complice; vous ne pouvez plus dire aux magistrats : Remettez entre mes mains les rênes du coursier, quand vous les avez lâchées. Pour gouverner une femme, il faut une certaine puissance d'intelligence, et qui êtes-vous, que prétendez-vous être, à côté de celle que vous avez méconnue? Vous parlez de pardon ! Le pardon est le privilége des grandes âmes. Si vous vouliez obtenir le vôtre, il

Voilà quel a été le berceau de ce nom devenu si célèbre.

Indiana fut achetée six cents francs, deux cents francs de plus que *Rose et Blanche* [1].

Messieurs les libraires parisiens pressentent à merveille un succès ; mais, pour en garder exclusivement tout le bénéfice, ils ont soin de se retrancher derrière cet axiome : « Un éditeur ne doit pas savoir lire. »

---

1 M. Roret, le même éditeur qui publie ces petits livres, fit la connaissance de Jules Sandeau et de madame Dudevant au café du Pont-Saint-Michel, où nos deux collaborateurs déjeunaient tous les matins. Il leur acheta le manuscrit d'*Indiana* en toute propriété. Après le succès du livre, il vint trouver George Sand, déchira le traité primitif, et dit : « Madame, je vous achète mille francs la seconde édition. »

En s'abstenant de juger l'œuvre d'avance, ils s'abstiennent de la payer.

Du reste, le livre de madame Sand avait été lu, sinon par le libraire qui l'achetait, du moins par deux rédacteurs du *Figaro*, que Latouche avait choisis pour lui donner une opinion sur l'œuvre.

Ces deux rédacteurs étaient Alphonse Rabbe et Kératry.

Kératry, littérateur entre deux âges, commençait à user beaucoup trop largement de la tabatière, pour un homme chéri du beau sexe et baptisé du glorieux surnom de dernier des Beaumanoir[1]. Il macula le manuscrit en prisant outre mesure au-dessus des chapitres, trouva l'œuvre passable comme style, mais

[1] Titre d'un roman qu'il avait publié.

excessivement médiocre comme intérêt.

Ce jugement ne le conduira pas loin dans l'estime de la postérité.

Quant à l'autre juge, il fut plus sévère encore et déclara le tout absurde, style, agencement et pensées.

Hâtons-nous de dire que, de la part d'Alphonse Rabbe, ceci n'avait rien de surprenant. Sa prétention bien connue était de forcer toute la littérature contemporaine à rentrer sous terre, le jour où paraîtrait son roman de *Poulipâtre, ou la Sœur grise*.

Poulipâtre était annoncé depuis un temps indéfini. Le public demandait à grands cris *Poulipâtre*.

Quand Alphonse Rabbe passait devant la boutique de Ladvocat, où se trouvaient les bustes de tous les écrivains célèbres de l'époque, il s'arrêtait devant celui de Walter Scott, lui montrait le poing et s'écriait : « Je te ferai rentrer au néant, il faut que cela finisse ! »

Cette plaisanterie dura huit années consécutives. Désespéré de n'avoir pu achever *Poulipâtre*, Alphonse Rabbe s'empoisonna.

Dans ses papiers posthumes, on trouva la moitié du premier chapitre de cette œuvre gigantesque, et on l'imprima[1], pour le plus grand honneur de la mémoire du défunt.

En dépit du jugement rigoureux porté sur le livre de madame Sand par ces deux illustres critiques, *Indiana* eut un succès énorme. Jamais livre n'excita davantage la

[1] Chez le libraire Dumont.

curiosité publique. Chaque journal faisait son commentaire. On racontait sur l'auteur une foule d'anecdotes aussi merveilleuses que contradictoires. Est-ce un homme? est-ce une femme? Où *le* rencontre-t-on? Qui *la* connaît? Doit-on dire *lui*? faut-il prononcer *elle*?

Jules Janin, dans son article des *Débats*, se plut encore à augmenter l'incertitude et le mystère.

Il ne fut donné qu'au monde artiste de soulever, de temps à autre, un coin du voile.

George Sand eut, dès ce jour, un appartement digne d'elle, où toutes les célébrités briguèrent l'honneur d'être admises. Elle y recevait les artistes en frères, fumant avec eux la cigarette, et les émerveillant par son insouciante et spirituelle gaieté.

Heureuse de son nouveau nom, qui avait reçu un baptême de gloire, elle ne voulait pas qu'on l'appelât autrement que *George*, et continuait de porter le costume d'homme.

Ce costume lui allait à ravir.

On la rencontrait dans les rues, dans les promenades et sur le boulevard avec une petite redingote, serrée à la taille, et sur le collet de laquelle descendaient en boucles les plus beaux cheveux noirs du monde. Elle tenait une badine à la main et fumait le manille avec un aplomb tout à fait gracieux.

Au milieu de cet enivrement du succès, elle eut le tort d'oublier le fidèle compagnon de ses mauvais jours.

Sandeau, blessé au cœur, partit pour l'Italie, seul, à pied, sans argent.

C'était une noble nature, trop fière pour se plaindre, et trop courageuse pour ne pas arriver à l'oubli ou à l'indifférence. Il resta dix-huit mois à Naples et regagna Marseille sur un navire marchand, dont le capitaine s'intéressait à lui.

George Sand a regretté plus d'une fois son ami du quai Saint-Michel.

Au mois de janvier 1835, c'est-à-dire environ trois ans après la rupture, elle écrivait à François Rollinat :

« Il m'importe peu de vieillir, il m'importerait beaucoup de ne pas vieillir seule, mais je n'ai pas rencontré l'être avec lequel j'aurais voulu vivre et mourir, ou, si je l'ai rencontré, je n'ai pas *su le garder*.

« Écoute une histoire et pleure.

« Il y avait un bon artiste qu'on appelait Watelet, qui gravait à l'eau-forte mieux qu'aucun homme de son temps. Il aima Marguerite le Conte et lui apprit à graver à l'eau-forte aussi bien que lui. Elle quitta son mari, ses biens et son pays pour aller vivre avec Watelet.

« Le monde les maudit ; puis, comme ils étaient pauvres et modestes, le monde les oublia.

« Quarante ans après, on découvrit aux environs de Paris, dans une maisonnette appelée *Moulin-Joli*, un vieux homme qui gravait à l'eau-forte et une vieille femme qu'il appelait sa meunière, et qui gravait à l'eau-forte, assise à la même table. Le premier oisif qui découvrit cette merveille

l'annonça aux autres, et le beau monde
courut en foule à Moulin-Joli pour voir le
phénomène : un amour de quarante ans,
un travail toujours assidu et toujours aimé;
deux beaux talents jumeaux, Philémon et
Beaucis du vivant de mesdames de Pompa-
dour et Dubarry ! Cela fit époque, et le
couple miraculeux eut ses flatteurs, ses
amis, ses admirateurs, ses poëtes.

« Heureusement le couple mourut de
vieillesse, peu de jours après, car le monde
aurait tout gâté.

« Le dernier dessin qu'ils gravèrent
représentait le Moulin-Joli, la maison
de Marguerite, avec cette devise : *Cur
valle permutem Sabina divitias operio-
siores?*

« Il est encadré dans ma chambre, au

dessus d'un portrait dont personne ici n'a vu l'original. Pendant un an, l'être qui m'a légué ce portrait s'est assis avec moi toutes les nuits à une petite table, et il a vécu du même travail que moi. Au lever du jour, nous nous consultions sur notre œuvre, et nous soupions à la même petite table, tout en causant d'art, de sentiment et d'avenir. L'avenir nous a manqué de parole.

« Prie pour moi, ô Marguerite le Conte ! »

Cette page écrite avec les larmes de George Sand est le plus bel éloge qu'on puisse lire de Jules Sandeau.

L'auteur d'*Indiana* s'occupait à attacher d'autres diamants à sa couronne littéraire. La *Revue de Paris* et la *Revue des Deux-Mondes* se disputaient ses livres. *Valentine* parut à la fin de 1832. Six mois après, *Lelia* voyait le jour.

Ces trois romans, comme la plupart de ceux que George Sand publia par la suite, renferment d'éloquentes et vives attaques contre l'institution du mariage.

Bon nombre de critiques se mirent à crier au scandale. On accusa l'auteur de saper la société dans sa base.

M. Capo de Feuillide, rédacteur de l'*Europe littéraire*, ne trouva pas assez de blâme pour la femme audacieuse qui essayait ainsi de renverser l'œuvre des siècles. Gustave Planche répondit vertement dans la *Revue des Deux-Mondes* à M. Capo de Feuillide.

Il le traita de Vandale, ou de quelque chose d'équivalent.

Un duel s'ensuivit; mais les gens de lettres ne se blessent qu'avec la plume.

A tort ou à raison, George Sand estimait beaucoup les poésies de M. Alfred de Musset, très-jeune alors, et qui s'enivrait déjà de sa célébrité.

M. Buloz, directeur de la *Revue des Deux-Mondes*, réunit dans un dîner chez Véfour l'auteur d'*Indiana* et l'auteur de *Rolla*.

Ce dernier fut d'une froideur qui approchait de l'impertinence.

Il joua au petit Byron et daigna tout au plus desserrer les lèvres au dessert. George Sand ne prit pas garde à cette morgue inqualifiable. Elle permit à M. de Musset de trancher du grand homme tout à son aise.

Néanmoins le poëte s'humanisa bientôt.

Peu de jours après, il assistait à une soirée de George Sand, et deux mois plus tard, il sollicitait, comme un honneur et comme une grâce, de la suivre dans un voyage en Italie, en qualité de secrétaire intime.

Madame Sand est d'une nature délicate et impressionnable.

Certaines habitudes de son compagnon de voyage, dont le travail a toujours besoin de surexcitation, lui déplurent. Ils se séparèrent à Venise, après une maladie sérieuse de M. de Musset. Trompé par les rêves de son délire, celui-ci avait pris des fantômes pour des réalités; il cherchait querelle pour des chimères.

George Sand ne le revit plus.

De retour à Paris, elle écrivit le *Secrétaire intime*, autre page de son histoire bonne à consulter, sinon pour nous, du moins pour les biographes futurs.

Ce livre fut suivi de cinq nouvelles, qui parurent successivement dans les deux revues citées plus haut : *André*, la *Marquise*, *Lavinia*, *Metella* et *Mattea*.

Jamais auteur n'eut une fécondité plus réelle et plus incontestable. Depuis vingt ans, madame Sand ne prend aucun repos et entasse chefs-d'œuvre sur chefs-d'œuvre. *Léone-Leoni*, *Jacques*, *Simon*, *Mauprat*, la *Dernière Aldini*, les *Maîtres Mosaïtes*, *Pauline*, *Un hiver à Majorque*, furent publiés de 1835 à 1837.

Le style de madame Sand est d'un entraînement irrésistible ; il a deux qualités éternellement précieuses, l'élégance et la clarté. Sa phrase, parfois incorrecte, a du charme dans ses incorrections mêmes.

Quant au reproche d'immoralité qu'on adresse à ses œuvres, nous le croyons très-injuste.

Ceux qui sont victimes d'une institution sociale ont le droit de se révolter et de se plaindre. Autant vaudrait dire qu'il est défendu à un malade de crier au milieu de ses souffrances.

« Il faut, dit George Sand elle-même dans la préface d'*Indiana*, qu'on s'en prenne à la société pour ses inégalités, à la destinée pour ses caprices. L'écrivain n'est qu'un miroir qui les reflète, une machine qui les décalque, et qui n'a rien à se faire pardonner, si les empreintes sont exactes, si son reflet est fidèle. »

En 1836, madame la baronne Dudevant reprit ses titres et son nom pour faire un procès à son mari ; elle voulait rentrer en possession de sa fortune et demandait, en outre, qu'on lui rendît ses enfants.

Les diverses audiences qui eurent lieu, soit au tribunal de la Châtre, soit à la cour royale de Bourges, mirent au jour certains détails, qui indignèrent contre l'époux le public et les juges.

Nous ignorons jusqu'à quel point on doit regarder comme véritable le *coup de talon de botte* raconté dans *Indiana* ; mais il fut acquis au procès qu'il y avait eu, même en présence des enfants, sévices graves, brutalité inouïe. Le baron cultivateur affichait un souverain mépris pour l'intelligence et les facultés transcendantes de sa femme; il l'appelait *folle, radoteuse, bête, stupide*, épithètes pleines de sens, et prouvant que le pauvre homme n'avait absolument rien de la seconde vue des prophètes.

Le château de Nohant, pendant l'absence de celle qui l'avait apporté en dot, éclaira des scènes d'orgie scandaleuses. M. Dudevant s'arrangeait fort bien de vivre loin de sa femme.

Il lui écrivait au mois de décembre 1831 :

« J'irai à Paris; je ne descendrai pas chez toi, parce que je ne veux pas te *gêner*, pas plus que je ne veux que tu me *gênes*. »

Michel de Bourges, avocat de madame

che pour faire revenir le jeune homme sur cette décision qui la chagrinait. Sandeau ne se laissa pas convaincre et persista dans son refus.

— C'est terrible! dit Aurore. Comment faire, et de quel nom signerai-je?

— Mon Dieu! vous voilà bien embarrassée, ma chère, dit Latouche. On a signé le premier livre *Jules Sand*, n'est-il pas vrai?

— Oui, eh bien?

— Eh bien, *Sand* est la propriété commune. Choisissez un autre prénom que celui de Jules. Tenez, voici le calendrier : c'est aujourd'hui le 23 avril, jour de la Saint-George. Appelez-vous *George Sand*, et tout sera dit!

fallait vous présenter dans le sanctuaire de la justice, le cœur humilié et repentant, la tête courbée par la douleur et couverte d'un voile. C'est le repentir à la bouche que Mirabeau, l'homme immortel, vint redemander sa femme au parlement de Provence, faisant amende honorable, à la face du ciel et des hommes, d'une jeunesse désordonnée et plus égarée que coupable. »

Devant cette rude apostrophe, le gentilhomme fermier ne vit rien de mieux que de se désister de son appel et d'aller, à cent lieues de là, cacher sa honte.

Il avait été condamné à la Châtre en première instance, le jugement se trouvait maintenu.

George Sand reconquit sa fortune. La garde de ses enfants lui fut confiée. Son fils Maurice avait douze ans, et sa fille Solange ¹ entrait dans sa neuvième année.

Bientôt le vieux manoir de Nohant la reçoit dans ses murs, et elle s'écrie :

« O mes dieux lares ! vous voilà tels que je vous ai laissés ! Je m'incline devant vous avec ce respect que chaque année de vieillesse rend plus profond dans le cœur de l'homme. Poudreuses idoles, qui vîtes passer à vos pieds le berceau de mes pères et le mien, et celui de mes enfants ; vous qui vîtes sortir le cercueil des uns et qui verrez sortir celui des autres ; salut, ô protecteurs, devant lesquels mon enfance se prosternait en tremblant, dieux amis que j'ai appelés avec des larmes du fond des lointaines contrées, du sein des orageu-

¹ Nom de la patronne du Berri.

ses passions ! Ce que j'éprouve en vous revoyant est bien doux et bien affreux. Pourquoi vous ai-je quittés, vous toujours propices aux cœurs simples, vous qui veillez sur les petits enfants quand les mères s'endorment, vous qui faites planer les rêves d'amour chaste sur la couche des jeunes filles, vous qui donnez aux vieillards le sommeil et la santé? Me reconnaissez-vous, paisibles pénates? Ce pèlerin, qui arrive à pied dans la poussière du chemin et dans la brume du soir, ne le prenez-vous point pour un étranger ? »

Nous aimons à reproduire ces passages; ils réussissent beaucoup mieux que nos propres paroles ne pourraient le faire, à peindre George Sand et son cœur.

La victoire remportée sur son époux et

la joie de vivre enfin auprès de ses enfants
la délivrèrent de toutes les idées sombres
qui, depuis quelques années, étaient venues
l'assaillir.

Ame d'élite jetée sur des sentiers perdus, elle n'y avait cueilli que des déboires.
Dans la coupe de l'amour, elle n'avait bu
que des pleurs.

Celles de ses lettres qui portent la date
de cette fatale époque parlent continuellement de mort et de suicide. Le Malgache
lui disait : « Votre instinct de mère vous
sauvera ! » Mieux que le baron Dudevant,
il sut connaître la femme et juger de son
avenir.

Les enfants de madame Sand ne la quittèrent plus. Ils l'accompagnèrent à Paris
et dans ses voyages.

« Ce que j'ai vu de plus beau à Chamounix, écrivait-elle à Herbert [1], c'est ma fille. On ne peut se figurer l'aplomb et la fierté de cette beauté de huit ans en liberté dans les montagnes. La fraîcheur de Solange, brave le hâle et le soleil. Sa chemise entr'ouverte laisse à nu sa forte poitrine, dont rien ne peut ternir la blancheur immaculée. Sa longue chevelure blonde flotte en boucles légères jusqu'à ses reins vigoureux et souples, que rien ne fatigue, ni le pas sec et forcé des mules, ni la course *au clocher* sur les pentes rapides et glissantes, ni les gradins de rochers qu'il faut escalader pendant des heures entières. Toujours grave et intrépide, sa joue se colore d'orgueil et de dépit quand on cherche à aider

[1] Un de ses vieux amis avec Néraud.

sa marche. Robuste comme un cèdre des montagnes et fraîche comme une fleur des vallées, elle semble deviner, quoiqu'elle ne sache pas encore le prix de l'intelligence, que le doigt de Dieu l'a touchée au front et qu'elle est destinée à dominer un jour, par la force morale, ceux dont la force physique la protége maintenant.

« Au glacier des Bossons, elle m'a dit :

« — Sois tranquille, mon George, quand je serai reine, je te donnerai tout le mont Blanc. »

« Son frère, plus âgé de cinq ans, est moins vigoureux et moins téméraire. Tendre et doux, il reconnaît et révère instinctivement la supériorité de sa sœur, mais il sait bien aussi que la bonté est un trésor.

« — Elle te rendra fière, me dit-il souvent ; moi, je te rendrai heureuse. »

Si vous voulez juger une femme au milieu de ses plus grands écarts, interrogez son cœur de mère, et, si vous le sentez battre avec cette vigueur, accusez hardiment tout ce qui entoure cette femme, plutôt que de lui donner tort à elle-même. Ses fautes ne sont pas ses fautes. Le blâme doit retomber sur ceux qui n'ont pas su la comprendre et qui l'ont jetée hors de sa route.

Entourée d'affections intimes, l'esprit dégagé de trouble et l'âme plus calme, George Sand répudie tout à coup les doctrines désespérantes qu'elle a semées sur les pages de *Lelia* et de *Spiridion* [1].

---

[1] Elle écrivit ce dernier livre pendant un séjour

Nous l'avons vue chrétienne dans sa jeunesse. Aigrie par le malheur, elle a passé de la foi au doute; puis elle s'est livrée à l'exaltation et à la révolte. A présent, nous allons la voir marcher sur la voie du repentir.

Mais, sur cette voie-là même, sa vieille rancune contre la société l'égare.

qu'elle fit aux îles Baléares. Il lui arriva, en passant à Marseille, une aventure assez originale. Un vieux médecin, du nom de Covières, désirait offrir à dîner à l'auteur d'*Indiana*; mais, en été, personne ne traite à la ville, et le docteur n'avait point de maison de campagne. Il fut obligé d'emprunter celle d'un maître maçon de ses amis, nommé Falke. Celui-ci, curieux de voir un écrivain célèbre, consentit à héberger tous les hôtes du docteur. Au dessert, il lui dit : « Ah çà! tu m'avais promis de me montrer George Sand, et je ne le vois pas. » Covières lui désigna madame Dudevant, qui ne portait pas, ce jour-là, son costume masculin. — « Pardon, madame! veuillez m'excuser, dit Falke. En vérité, je ne vous aurais jamais reconnue. Je ne savais pas qu'une femme pût être homme de lettres. »

Comme un malade qui a longtemps souffert, elle repousse les remèdes connus et s'adresse aux empiriques. Nous la retrouvons liée avec M. de Lamennais, qui venait de fonder le *Monde*.

Elle donne dans ce journal les *Lettres à Murcie*, où des sentiments dignes de Magdeleine repentante se heurtent à une foule de maximes hétérodoxes.

M. de Lamennais déteignait sur elle.

Au mois d'août 1837, nous avons, un jour, rencontré ces deux illustres personnages sous une avenue de la forêt de Fontainebleau. Madame Sand était en robe blanche et en capote blanche, avec un châle à fleurs.

Quant au costume de M. de Lamennais et à sa tournure, il nous est impossible de résister à la tentation de les décrire.

C'est un très-petit homme, qui, sur un corps grêle et des jambes en cerceau, porte une tête de poussah.

Ses yeux sont mornes et vitreux, sa figure offre quelque chose d'étrange et de satanique.

Il était vêtu, ce jour-là, d'une longue redingote de couleur sombre et d'un pantalon de nankin beaucoup trop court. Ce pantalon, tournant en spirales autour de ses maigres tibias, laissait voir des souliers éculés et des bas d'une blancheur problématique. Tout cela, recouvert d'un énorme feutre aux bords exorbitants, et presque aussi haut que la personne, ressemblait à une gageure.

M. de Lamennais marchait avec une vivacité de lézard. Il parlait, gesticulait, et ne semblait s'inquiéter en aucune sorte de la difficulté que sa compagne avait à le suivre.

On sait que George Sand ne tarda pas à rompre une intimité qui n'avait pu devenir sérieuse que par distraction ou par surprise.

Lorsque, plus tard, on amenait l'entretien sur le rédacteur en chef du *Monde*, elle s'écriait :

« — Taisez-vous ! Il me semble que j'ai connu le diable ! »

Il lui resta néanmoins de cette liaison une sorte d'ascétisme de mauvais aloi, qui, mêlé à certaines tendances suspectes en politique, enfanta cette foule de romans socialistes, où l'auteur d'*Indiana* et de

Valentine reste évidemment au-dessous d'elle-même. On la voit publier tour à tour *Horace*, la *Petite-Fadette*, le *Compagnon du tour de France*, *Consuelo* [1], *Jeanne*, la *Comtesse de Rudolstadt*, *Fanchette*, la *Mare au Diable* [2], le *Péché de monsieur Antoine*, *l'Orco*, les *Maîtres Sonneurs*, etc.

« Elle s'accola, dit M. de Loménie,

---

[1] Ce dernier livre, au milieu de ceux que nous citons, est le seul peut-être qui rappelle les beaux jours du talent de l'auteur.

[2] Madame Sand, pour une reproduction qui n'avait point été autorisée, ou pour quelque autre motif analogue, força la Société des gens de lettres d'acheter toute l'édition de ce livre, qui ne se vendait pas. Sans M. le baron Taylor, qui vint au secours de l'association, les huissiers de madame Sand eussent vendu jusqu'au fauteuil du président. C'était au plus beau moment des prédications républicaines et fraternelles de notre héroïne. Nous aurions désiré plus d'accord entre ses actes et ses principes.

à ces hommes qui cherchent le bonheur social en dehors des lois éternelles de la religion et de la famille. Elle s'est faite rêveuse et utopiste; mais elle redeviendra chrétienne. »

C'est aussi notre opinion.

George Sand est un esprit trop élevé, une âme trop noble et trop honnête pour rester sciemment dans l'erreur. Elle doit sentir elle-même combien la politique est fatale à son génie. Depuis dix ans, presque tous ses livres n'ont eu que des succès douteux; chacun remarque dans ses œuvres éclipse et décroissance.

Ses amitiés, il faut le dire, la poussaient forcément dans cette ornière.

Michel de Bourges, après le gain du procès en séparation, la mit en rapport avec tous les démocrates du Berri. Le Malgache, son cher Malgache, est un véritable Brutus campagnard. Chopin, Frantz Listz, Godefroy Cavaignac, Herbert, Ledru-Rollin, ne pouvaient songer à la détourner de cette voie dangereuse, pas plus que François Rollinat, devenu député à la Constituante.

Parfois cependant, si, dans leurs projets de réforme, ses amis venaient à attaquer l'art, elle s'indignait contre ce farouche puritanisme.

Une lettre au Malgache contient ce passage :

« Veux-tu bien me dire à qui tu en as, avec tes déclamations contre les artistes ? Crie contre eux tant que tu voudras, mais respecte l'art. O Vandale ! j'aime beaucoup ce farouche sectaire qui voudrait mettre une robe de bure et des sabots à Taglioni, et employer les mains de Listz à tourner une meule de pressoir, et qui pourtant se couche par terre en pleurant, quand le moindre bengali gazouille, et qui fait une émeute au théâtre pour empêcher Othello de tuer la Malibran ! Le citoyen austère veut supprimer les artistes, comme des superfétations sociales qui concentrent trop de séve ; mais monsieur aime la musique vocale, il fera grâce aux chanteurs. Les peintres trouveront bien, j'espère, une de vos bonnes têtes qui comprendra la peinture et qui ne fera pas murer les fenêtres des ateliers. Quant aux poëtes, ils sont vos cousins, et vous ne dédaignez pas les formes de leur langage et le mécanisme de leurs périodes lorsque vous voulez faire de l'effet sur les badauds. Vous irez apprendre chez eux la métaphore et la manière de s'en servir. »

Plus loin, elle en vient presque à rompre en visière au républicanisme et à renier toutes les doctrines auxquelles il donne la main.

La vérité lui prête son flambeau pour éclairer la situation, qu'elle dessine avec une netteté effrayante :

« Dis-moi, combien crois-tu qu'il naisse de Christs dans un siècle ? N'es-tu point indigné comme moi de ce nombre exorbitant de rédempteurs et de législateurs qui prétendent au trône du monde moral ? L'espèce humaine tout entière se rue vers la chaire ou la tribune. Tous veulent enseigner ; tous se flattent de parler mieux et de mieux savoir que ceux qui ont précédé. Ce misérable murmure qui plane sur notre âge n'est qu'un écho de paroles vides et de déclamations sonores, où le cœur et l'esprit cherchent en vain un rayon de chaleur et de lumière. La vérité, méconnue et découragée, s'engourdit ou se cache dans les âmes dignes de la recevoir. Il n'est plus de prophètes, il n'est plus de disciples. Tous les éléments de force et d'activité marchent en désordre et s'arrêtent paralysés dans le choc universel[1]. »

Il est impossible de peindre avec plus d'exactitude ce que nous avons vu dans ces derniers temps.

[1] *Lettres d'un Voyageur*, page 216.

Lorsqu'elle en est aux aveux, George Sand les fait aussi complets que possible. Elle donne avec beaucoup de franchise l'explication de l'acrimonie qui règne dans la plupart de ses ouvrages. Habituée à une vie princière, ses revenus ne suffisaient pas toujours à ses dépenses [1].

« Forcée de gagner de l'or, dit-elle, j'ai pressé mon imagination de produire, sans m'inquiéter du concours de ma raison; j'ai violé ma muse quand elle ne voulait pas céder; elle s'en est vengée par de froides

---

[1] C'est peut-être aux mêmes raisons qu'il faut attribuer le procès fait à la Société des gens de lettres. Seulement, madame Sand aurait dû réfléchir que certains de ses confrères n'ont pas *douze mille livres* de revenu, et ne gagnent pas annuellement, comme elle, le triple de cette somme. Les mille écus enlevés à notre caisse de secours nous ont empêchés de venir en aide à beaucoup de littérateurs *un peu plus pauvres* qu'elle.

caresses et de sombres révélations. Au lieu de venir à moi souriante et couronnée, elle y est venue pâle, amère, indignée. Elle ne m'a dicté que des pages tristes et bilieuses, et s'est plu à glacer de doute et de désespoir tous les mouvements généreux de mon âme. »

Au nombre des amis de George Sand, nous avons oublié de citer Pierre Leroux, ce philosophe de l'amour, dont le cœur a des rayonnements si chauds et si universels. Madame Sand écouta les tendres utopies du pigeon républicain, mais sans tenir compte de ses soupirs. Elle fermait l'oreille quand il parlait d'une application trop directe du système.

Nous ne dirons rien des événements de 1848, où celle dont nous racontons la vie a joué malheureusement un rôle qui n'appartenait ni à son caractère ni à son sexe.

Quand la politique lui eut fermé son sanctuaire, madame Sand se réfugia dans l'idylle. Sa nature l'entraîne souvent d'un extrême à l'autre. Elle fait agir et parler avec succès les Tircis et les Corydon de nos jours. *François le Champi* a révélé chez elle des qualités théâtrales et une connaissance de la scène que *Gabriel*, *Aldo le Rimeur* et *Cosima* n'avaient pas laissé prévoir. On se rappelle que cette dernière pièce eut une chute à la Comédie-Française. Mais le génie de l'auteur a pris une revanche glorieuse. *Claudie*, *Molière*, les *Vacances de Pandolphe*, le *Mariage de Victorine*, le *Pressoir* et *Mauprat* sont autant de fleurons qui lui composent une belle et rayonnante couronne dramatique.

Aujourd'hui madame Sand habite presque continuellement son château du Berri.

Elle y a fait construire un petit théâtre, où ses pièces sont étudiées et essayées, acte par acte, scène par scène, avant d'avoir à Paris les honneurs de la représentation.

L'existence du château de Nohant est douce et patriarcale.

Madame Sand touche dix à douze mille francs de revenu de son patrimoine et les emploie en bonnes œuvres. Elle accueille affectueusement les villageois qui l'entourent, les reçoit à sa table, les écoute, les encourage, les console dans leurs chagrins, dans leurs maladies, et leur donne des remèdes pour eux et pour leurs enfants. Ils s'adressent à elle comme à une providence, toujours sûrs d'en être secourus.

Une vieille femme, couverte d'une espèce de lèpre, vint un jour réclamer son assistance.

— Tenez, ma bonne dame, dit-elle en écartant ses haillons, *je n'ai pas de dégoût de vous :* regardez dans quel état je suis ! »

Madame Sand fit ouvrir une chambre du château, y conduisit la pauvre femme, pansa elle-même ses plaies et la soigna jusqu'à complète guérison.

Un pareil trait n'a pas besoin de commentaires ; c'est une page de l'Évangile.

La maison de madame Sand n'est pas une maison seigneuriale. Il y règne une simplicité presque vulgaire ; et le mobilier atteste plutôt la piété filiale de la châtelaine que son goût dans les choses d'ornement. On y voit des travaux à l'aiguille, des dessins, des esquisses, souvenirs des heureux triomphes d'une enfance choyée.

George Sand tient à tout ce qui lui rappelle l'amour de ses proches.

Elle n'a perdu aucun des amis qui fréquentaient ses grands parents, et les enfants de ces amis lui forment un affectueux cortége.

Elle dort peu, cinq à six heures au plus. Tout le reste du temps est consacré à ses travaux littéraires.

A onze heures, la cloche sonne pour le déjeuner. George Sand ne paraît pas d'abord. Maurice préside en son absence. Elle n'arrive que vers le milieu du repas, embrasse son fils, serre la main de chaque convive et va s'asseoir à sa place habituelle.

Sa table est abondante et délicate. Elle mange peu, bien qu'avec appétit, et prend du café matin et soir.

Elle est silencieuse et assez grave ; mais elle aime à entendre causer. Les contes et les bons mots trouvent en elle un auditeur souriant et bénévole.

Après le déjeuner, madame Sand donne le bras à l'un de ses convives et va faire un tour dans le parc. Un petit bois, aboutissant à une prairie, est le lieu de promenade qu'elle affectionne. Dans ce bois, plein de fleurs au printemps, de morilles, de papillons et de nids d'oiseaux, elle se livre à de charmantes digressions botaniques, que ses hôtes ne se lassent jamais d'entendre. Au bout d'une demi-heure de promenade, madame rentre chez elle et laisse chacun maître de son temps et de ses actions.

Il y a au château une bibliothèque, des lignes et des filets pour la chasse aux papillons.

Le dîner a lieu à six heures. Les blouses et autres vêtements du matin n'y sont point de mise, et les dames s'y montrent plus parées qu'au déjeuner. Ceci ne veut point dire qu'il y ait la moindre gêne, ou qu'un décorum tendu entrave la liberté des mouvements : il y aurait là trop de désaccord avec les principes connus de la châtelaine. Mais, dans une maison tenue par la petite fille d'un roi, par la cousine de Marie-Antoinette, il ne faut pas trop s'étonner de ce vestige de mœurs aristocratiques.

Après le dîner, on retourne dans le parc, ou bien on va dans la cour caresser les chiens, chanter sous les arbres, jouer au volant.

S'il pleut, on se réfugie dans le salon. Madame Sand se met au piano. Elle improvise, comme Listz, son ami et son maître, ou exécute des morceaux de Mozart.

Quant à Maurice[1], il dessine ou peint à l'aquarelle. C'est principalement dans les petites compositions empruntées aux romans de sa mère que son crayon déploie du goût et de la finesse. Le journal l'*Illustration* publie ses croquis.

Quelquefois madame Sand donne à lire

[1] Solange, aujourd'hui mariée, n'habite plus avec sa mère.

à ses hôtes le manuscrit d'une œuvre nouvelle, tantôt un roman, tantôt une comédie, et ces jours-là sont des jours de fête.

A onze heures, on ferme les cartons, on serre les papiers, et on jette avec fracas sur la table un jeu de dominos.

Cette partie, jouée à quatre, fait naître mille adorables petites querelles. On met en doute la science de son partenaire, on élève la voix, on se chamaille; puis on rit, on brouille les dés, on s'arme chacun d'un bougeoir, et, tout en devisant, en s'entre-conduisant de porte en porte dans les corridors, on entend l'horloge sonner une heure du matin.

Excepté les jours où il y a spectacle au château, toute la semaine se passe ainsi.

Le dimanche, on donne une représentation publique, et la salle se remplit d'une foule de braves paysans, dont la joie naïve et les réflexions candides ne sont pas un des moindres plaisirs de la soirée. La pièce finie, on passe dans la salle à manger, où les notables sont admis à souper avec les acteurs.

Très-souvent la châtelaine remplit un rôle dans ses propres pièces.

Hospitalière, douce, bienveillante, elle s'attire des visites nombreuses et quelquefois importunes. En ces occasions, jamais elle n'élimine l'hôte qui la gêne ; elle se venge seulement des embarras qu'on lui cause par un bon mot ou par une plaisanterie innocente.

Un individu, nommé Cador [1], arrive un jour à Nohant. Il s'y installe avec un sans-

[1] Ne pas confondre avec M. L. Cador, auteur d'articles remarquables, publiés dans la *Presse*.

façon curieux, descend à l'office, s'informe du menu et recommande au chef de lui préparer je ne sais quel fameux plat de choux servi le matin de son arrivée.

M. Cador aimait à la folie ce légume indigeste.

Surprise de voir continuellement des choux sur la table, madame Sand en demande la raison. Elle rit de grand cœur, en apprenant que M. Cador donne ses ordres à la cuisine.

Lorsque cet hôte bizarre voulut prendre congé d'elle, ce qui eut lieu au bout d'une interminable semaine et après une consommation de choux prodigieuse, il lui dit avec fatuité :

— J'ose espérer, madame, que vous serez assez aimable pour me donner un objet quelconque, n'importe quoi, pourvu que cela me rappelle votre souvenir et l'accueil charmant dont vous m'avez honoré.

La châtelaine se promenait alors dans son jardin.

— Mais sans doute, monsieur Cador, sans doute ! répondit-elle.

Et, se tournant vers le jardinier, qui arrosait, à quelque distance, des plantes potagères, elle cria :

— Jean ! un chou à monsieur Cador !

On trouvera peut-être que la vie simple et uniforme du château de Nohant répond très-peu à l'idée que donne du caractère de la femme célèbre qui l'habite telle ou telle de ses œuvres brillantes. Il n'y a là-dessus qu'un mot à dire : si George Sand écrit avec son *imagination*, elle vit avec son *jugement*.

Elle semble enfin comprendre que sa vie appartient tout entière aux lettres. Nous espérons qu'elle ne retournera plus dans le guêpier politique, où des amis imprudents l'avaient entraînée.

. . . .

Sachez-le bien, madame, le *progrès* est un fruit qui pousse avec lenteur. Vous avez eu tort de vous joindre à ceux qui s'obstinent à le faire mûrir en serre chaude, car alors le fruit tombe; alors il faut qu'une nouvelle séve monte à l'arbre, que de nouveaux bourgeons naissent aux branches, qu'un nouveau fruit se forme au soleil. Tout cela retarde l'avénement de la liberté.

Voilà pourquoi, depuis soixante ans, vous et les vôtres la faites rétrograder toujours.

Mais laissons la politique, source intarissable de querelles. Nous sommes peut-être d'accord au fond, par malheur la forme nous divise.

Sur le terrain de l'art, il n'en est point ainsi, madame.

Là, vous avez droit à tous nos hommages, et nous avons écrit votre histoire avec autant de respect que si nous avions parlé d'une reine.

FIN.

Cher monsieur Accursi
J'ai envoyé votre lettre
à mon ami Lambert. Je
pense qu'il fera tout de
suite ce que vous lui direz.
Je vous envoie la lettre
p.r M.r Michelet, et
me que lettre, je vous
serre les mains.

G. Sand

www.ingramcontent.com/pod-product-compliance
Lightning Source LLC
LaVergne TN
LVHW050634090426
835512LV00007B/850